Marie-Laure Tombini

CUISINE CHIC

MANGO

SOMMAIRE

REPAS DE FÊTE

Entrées

Plats

Mignardises

REPAS CHIC

Entrées

Plats

Desserts

Petits choux au saumon fumé

Pour 15 à 20 petits choux
Préparation : 20 min
Cuisson : 15 min

50 g de beurre coupé en dés
100 g de farine
3 œufs moyens
150 g de brousse
1 cuillerée à soupe de moutarde à l'ancienne
2 tranches de saumon fumé
sel, poivre

1. Préchauffez le four à 200 °C (th. 6-7).
2. Dans une casserole, portez à ébullition 10 cl d'eau, le beurre et 1 pincée de sel. Faites chauffer jusqu'à ce que le beurre soit complètement fondu.
3. Hors du feu, incorporez la farine d'un coup en remuant très énergiquement avec une spatule. Mettez de nouveau la casserole sur feu vif et continuez de remuer, jusqu'à ce que la pâte se détache.
4. Retirez la casserole du feu. Incorporez les œufs un par un, en mélangeant bien à chaque fois.
5. À l'aide d'une poche à douille, formez des petits choux et disposez-les sur une plaque à pâtisserie recouverte de papier sulfurisé.
6. Enfournez et faites cuire 15 minutes environ, jusqu'à qu'ils soient dorés.
7. Dans un saladier, mélangez la brousse, la moutarde et le saumon fumé coupé en morceaux. Salez et poivrez.
8. Ouvrez les petits choux et remplissez-les de garniture au saumon fumé.

Toasts au foie gras, chutney de figues

Pour 8 personnes
Préparation : 40 min
Cuisson : 30 min

32 mini-toasts
1 petit bloc de foie gras
poivre

Pour 1 pot de chutney de figues
300 g de figues fraîches
2 petits oignons grelots
10 cl de vinaigre de cidre
80 g de sucre roux
½ cuillerée à café de quatre-épices
½ cuillerée à café de gingembre

1. Préparez le chutney : pelez les figues et coupez-les en quatre. Pelez et émincez finement les oignons grelots.
2. Dans une casserole, mélangez les figues, les oignons, le vinaigre, le sucre et les épices.
3. Faites cuire 30 minutes à feu doux, en remuant de temps en temps. Mettez la préparation en pot et laissez refroidir à température ambiante, puis réservez-la au frais.
4. Déposez 1 cuillerée à soupe de chutney sur chaque toast grillé. Ajoutez 1 petit morceau de foie gras, poivrez et servez.

Brouillade d'œufs aux copeaux de foie gras

Pour 4 personnes
Préparation : 5 min
Cuisson : 10 min

8 œufs bio extra-frais
1 pincée de sel
50 g de beurre
1 tranche de foie gras détaillée en copeaux
poivre

1. Dans un saladier, battez les œufs avec un fouet. Ajoutez le sel.
2. Dans une poêle antiadhésive, faites cuire les œufs battus avec 20 g de beurre à feu doux, en remuant sans cesse, jusqu'à ce que les œufs prennent la consistance d'une crème épaisse.
3. Hors du feu, ajoutez le reste de beurre en morceaux et remuez pour le faire fondre.
4. Répartissez la brouillade dans 4 assiettes. Ajoutez des copeaux de foie gras. Poivrez et servez immédiatement.

Mon conseil : servez avec des tranches de pain grillé.

Carpaccio de Saint-Jacques, sauce vanillée

Pour 2 personnes
Préparation : 10 min
Sans cuisson
Congélation : 20 min

6 noix de Saint-Jacques
1 gousse de vanille
3 cuillerées à soupe d'huile d'olive
½ cuillerée à soupe de jus de citron vert
1 pointe de gingembre
sel

1. Placez les noix de Saint-Jacques 20 minutes au congélateur pour les durcir.
2. Fendez la gousse de vanille en deux et récupérez les graines. Dans un bol, mélangez l'huile d'olive avec les graines de vanille, le jus de citron, le gingembre et le sel.
3. Émincez les noix en fines lamelles. Disposez-les dans 2 jolies assiettes et nappez de sauce vanillée.
4. Servez bien frais.

Carpaccio de magret fumé à l'orange

Pour 2 personnes
Préparation : 10 min
Sans cuisson

100 g de magret de canard fumé
1 orange
quelques copeaux de parmesan

1. Retirez l'excès de graisse du magret et coupez-le en très fines tranches.
2. Pelez l'orange à vif et détaillez-la en quartiers. Retaillez-les afin d'obtenir de très fines tranches.
3. Dans une assiette, alternez les tranches de magret et les quartiers d'orange. Déposez sur chaque assiette quelques copeaux de parmesan et servez.

Cailles rôties aux fruits secs, sauce porto

Pour 6 personnes
Préparation : 5 min
Cuisson : 25 min

2 oignons
15 dattes
70 g de pistaches
non salées décortiquées
2 cuillerées à soupe
d'huile d'olive
6 cailles
3 cuillerées à soupe
de pignon de pin
1 cuillerée à café
de cannelle en poudre
10 cl de porto
sel, poivre

1. Pelez et ciselez les oignons. Coupez les dattes en deux. Concassez les pistaches.
2. Faites dorer les oignons dans une grande sauteuse avec l'huile d'olive pendant 5 minutes. Ajoutez les cailles, salez, poivrez, et faites-les dorer 5 minutes de chaque côté.
3. Ajoutez les dattes, les pistaches, les pignons, la cannelle et mouillez avec 30 cl d'eau.
4. Faites cuire 15 minutes à couvert.
5. Déglacez avec le porto et faites réduire 2 à 3 minutes à feu vif.

Une délicieuse recette de Marion Debouzy

Crèmes brûlées au foie gras

Pour 10 mini-crèmes
Préparation : 5 min
Cuisson : 20 min

100 g de foie gras frais
2 jaunes d'œufs
10 cl de crème fraîche liquide
10 cl de lait
2 cuillerées à soupe de ciboulette ciselée
sel, poivre

1. Préchauffez le four à 100 °C (th. 3-4).
2. Mixez le foie gras avec les jaunes d'œufs.
3. Dans un saladier, ajoutez la crème et le lait à la préparation au foie gras. Salez, poivrez.
4. Versez la préparation dans 10 mini-moules à crème brûlée et décorez de ciboulette ciselée.
5. Enfournez et faites cuire 20 minutes.
6. Laissez tiédir avant de déguster.

Huîtres chaudes au curry

Pour 4 personnes
Préparation : 10 min
Cuisson : 10 min

16 huîtres
½ cuillerée à café de curry en poudre
½ citron
15 cl de crème liquide
2 jaunes d'œufs

1. Préchauffez le four à 250 °C (th. 8).
2. Ouvrez les huîtres et récupérez l'eau. Dans une casserole, faites réduire de moitié cette eau avec le curry et le jus de citron à feu moyen.
3. Mélangez la crème et les jaunes d'œufs. Ajoutez le jus au curry.
4. Versez ce mélange dans les huîtres. Enfournez et faites-les cuire 6 minutes.
5. Servez chaud.

Mon conseil : vous pouvez ajouter un peu de vin blanc ou 1 échalote émincée finement.

Feuilletés aux pommes et au boudin blanc

Pour 6 personnes
Préparation : 20 min
Cuisson : 40 min

3 pommes
2 cuillerées à soupe de miel
4 boudins blancs
2 cuillerées à soupe d'huile neutre
1 pâte feuilletée

1. Préchauffez le four à 180 °C (th. 6).
2. Pelez les pommes et coupez-les en tout petits dés. Dans une poêle, faites-les cuire à couvert à feu moyen avec ½ verre d'eau et le miel. Laissez compoter environ 20 minutes.
3. Ôtez la peau des boudins blancs et faites-les dorer 5 minutes environ dans une poêle à feu moyen avec l'huile. Laissez refroidir et coupez les boudins en fines rondelles.
4. Déroulez la pâte feuilletée, coupez les bords pour obtenir un rectangle et découpez-le en 6 parts.
5. Déposez 1 cuillerée de compote sur chaque feuilleté, puis déposez 6 rondelles de boudins blancs sur la compote.
6. Enfournez et faites cuire 15 minutes.

Noix de Saint-Jacques, velouté de potiron

Pour 4 personnes
Préparation : 20 min
Cuisson : 25 min

500 g de chair de potiron
30 cl de bouillon de volaille
15 cl de lait
2 cuillerées à soupe de sucre semoule
1 cuillerée à café de curry
1 filet d'huile
12 noix de Saint-Jacques
sel, poivre

1. Coupez la chair du potiron en cubes.
2. Dans une casserole, portez à ébullition le bouillon de volaille et le lait à feu vif. Ajoutez les cubes de potiron et le sucre. Salez, poivrez. Baissez le feu sur feu moyen et laissez mijoter environ 20 minutes.
3. Égouttez les cubes de potiron et réservez le jus de cuisson. Passez le potiron au mixeur, jusqu'à l'obtention d'une fine purée. Ajoutez peu à peu le jus de cuisson, jusqu'à l'obtention d'une consistance onctueuse. Ajoutez le curry.
4. Dans une poêle, faites chauffer l'huile et faites revenir les noix de Saint-Jacques 1 minute de chaque côté.
5. Versez le velouté dans des assiettes creuses. Ajoutez 3 noix de Saint-Jacques par assiette. Poivrez et servez chaud.

Mousse de champignons, tuile de châtaigne

Pour 4 à 6 personnes
Préparation : 15 min
Cuisson : 15 min

Pour les tuiles
1 blanc d'œuf (30 g)
15 g de farine de châtaigne (en épicerie bio)
1 cuillerée à soupe d'huile d'olive

Pour la mousse de champignons
2 échalotes
300 g de champignons de Paris
1 cuillerée à soupe d'huile d'olive
5 cl de lait
1 cuillerée à soupe de persil ciselé
sel, poivre

1. Préchauffez le four à 180 °C (th. 6).
2. Préparez les tuiles : dans un saladier, mélangez le blanc d'œuf avec la farine et l'huile. Sur une plaque recouverte de papier sulfurisé, déposez des petits tas de pâte en forme de langues de chat et faites cuire environ 5 minutes au four, jusqu'à ce que les tuiles soient dorées.
3. Préparez la mousse de champignons : pelez et émincez finement les échalotes. Coupez les champignons en morceaux. Faites cuire le tout avec l'huile dans une sauteuse pendant10 minutes environ.
4. Mixez les champignons avec le lait et le persil. Salez, poivrez.
5. Servez la mousse de champignons dans des ramequins avec les tuiles de châtaigne.

Une délicieuse recette de Marion Debouzy

Velouté de potiron, copeaux de foie gras

Pour 2 personnes
Préparation : 15 min
Cuisson : 40 min

1 oignon
300 g de chair de potiron
2 cuillerées à soupe d'huile d'olive
1 petit bloc de foie gras
sel, poivre

1. Pelez et émincez finement l'oignon. Détaillez la chair de potiron en cubes.
2. Dans une sauteuse, faites cuire le potiron et l'oignon avec l'huile, pendant 30 à 40 minutes à feu doux, sans ajouter d'eau, jusqu'à ce que la chair soit bien tendre. Salez, poivrez.
3. Mixez finement le mélange. Servez chaud avec des copeaux de foie gras.

Mon conseil : vous pouvez utiliser du potimarron. Dans ce cas, inutile d'enlever la peau.

Bavarois à la tomate sur biscuit au basilic

Pour 2 personnes
Préparation : 10 min
Cuisson : 2 min
Repos : 3 heures

2 tomates moyennes (220 g)
1 g d'agar-agar (ou 2 feuilles de gélatine)
6 cl de crème fraîche liquide
2 tranches de pain de mie complet
2 cuillerées à soupe de pesto
quelques câpres

1. Lavez les tomates. Coupez-les en gros morceaux et mixez-les finement.
2. Délayez l'agar-agar dans la crème liquide. (Si vous utilisez de la gélatine, faites-la ramollir au préalable dans une tasse d'eau.) Portez le mélange à ébullition et retirez aussitôt du feu. Incorporez le jus de tomate.
3. Découpez 1 rond de 7 cm de diamètre dans chaque tranche de pain. Tartinez-les de pesto. Posez sur chaque rond un cercle à pâtisserie et faites couler à l'intérieur la préparation aux tomates.
4. Laissez durcir 3 heures au réfrigérateur. Retirez le cercle à pâtisserie. Servez les bavarois bien frais décorés de quelques câpres.

Mon conseil : l'agar-agar est un gélifiant naturel végétal. Vous le trouverez dans les magasins spécialisés, sous forme de poudre.

Macarons au foie gras

Pour 15 à 20 petits macarons
Préparation : 20 min
Cuisson : 12 min
Repos : 1 heure

120 g de sucre glace
80 g de poudre d'amandes
8 g de cacao en poudre non sucré
2 blancs d'œufs (80 g)
1 pincée de sel
60 g de sucre semoule

Pour la ganache
150 g de bloc de foie gras
2 cuillerées à soupe de crème liquide

1. Mixez finement le sucre glace avec la poudre d'amandes et le cacao. Tamisez le mélange dans un saladier.
2. Montez les blancs d'œufs en neige bien ferme avec le sel. Ajoutez le sucre et fouettez vivement pour faire meringuer la préparation.
3. À l'aide d'une maryse, incorporez le mélange d'amandes aux blancs d'œufs en soulevant délicatement la pâte de bas en haut : la préparation va devenir bien brillante et un peu plus liquide. Attention de ne pas trop travailler la pâte au risque de faire complètement tomber les blancs.
4. À l'aide d'une poche à douille, formez des petits tas de pâte bien espacés sur la plaque du four recouverte de papier sulfurisé. Laissez reposer 1 heure à température ambiante.
5. Préchauffez le four, option chaleur tournante, à 145 °C (th. 5).
6. Enfournez et faites cuire 12 minutes. Laissez refroidir les macarons.
7. Préparez la ganache : fouettez le foie gras à l'aide d'un fouet électrique. Incorporez la crème liquide. Garnissez les coques de cette préparation en les regroupant 2 à 2.

Brochettes de gambas et ananas

Pour 4 personnes
Préparation : 20 min
Cuisson : 10 min
Marinade : 1 heure

12 gambas crues
1 petit ananas
3 cuillerées à soupe de miel
½ citron
2 cuillerées à café de vinaigre de riz
3 cuillerées à soupe d'huile neutre
½ cuillerée à café de gingembre

piques en bois

1. Décortiquez les gambas et coupez-les en 3. Pelez l'ananas et taillez-le en petits cubes.
2. Dans un saladier, mélangez le miel avec le jus de citron, le vinaigre de riz, 1 cuillerée à soupe d'huile et le gingembre.
3. Formez des brochettes sur des piques en bois, en alternant des morceaux de gambas et d'ananas. Déposez-les dans un plat et arrosez-les de marinade. Faites mariner 1 heure au réfrigérateur, en retournant les brochettes de temps en temps.
4. Dans une grande poêle huilée, faites cuire les brochettes avec la marinade pendant 10 minutes à feu moyen.

Hachis Parmentier saumon-patates douces

Pour 2 personnes
Préparation : 20 min
Cuisson : 35 min

230 g de saumon frais
1 patate douce
½ cuillerée à café de curry
baies roses
sel, poivre

1. Préchauffez le four à 180 °C (th. 6).
2. Faites cuire le saumon au four, dans une papillote en papier sulfurisé pendant 10 minutes.
3. Pelez et coupez la patate douce en cubes. Faites-les cuire 20 minutes dans de l'eau bouillante salée, puis passez-les au presse-purée. Ajoutez le curry, salez et poivrez.
4. Découpez 2 carrés de papier sulfurisé et posez-les sur une plaque de cuisson. Déposez 2 cercles à pâtisserie de 9 cm de diamètre sur le papier sulfurisé. Répartissez dans chacun d'eux le saumon émietté, puis la purée de patate douce.
5. Enfournez et faites cuire 5 minutes au four à la même température. Déposez dans des assiettes individuelles le hachis Parmentier, décorez de quelques baies roses et servez chaud.

Nage de rouget au safran

Pour 2 personnes
Préparation : 10 min
Cuisson : 25 min

1 oignon
1 blanc de poireau
2 cuillerées à soupe d'huile d'olive
100 g de petites carottes
10 cl de vin blanc
1 cuillerée à café de fumet de poisson
1 dose de safran
4 filets de rouget
1 filet de cabillaud

1. Pelez et émincez finement l'oignon. Taillez le blanc de poireau en petites rondelles. Faites revenir l'oignon et le poireau dans une sauteuse avec l'huile pendant 5 minutes.
2. Ajoutez les carottes, le vin blanc, 20 cl d'eau, le fumet de poisson, le safran et laissez mijoter 15 minutes.
3. Environ 6 minutes avant la fin de la cuisson, incorporez les filets de rouget et le cabillaud coupés en gros morceaux.
4. Servez chaud avec du pain grillé.

Noix de Saint-Jacques aux morilles

Pour 4 personnes
Préparation : 5 min
Cuisson : 9 min
Repos : 15 min

20 g de morilles déshydratées
15 g de beurre
300 g de noix de Saint-Jacques
10 cl de crème liquide
sel, poivre

1. Plongez les morilles dans un grand bol d'eau chaude pendant 15 minutes. Essorez-les soigneusement.
2. Dans une poêle, faites-les revenir dans le beurre à feu moyen pendant 5 minutes.
3. Ajoutez les noix de Saint-Jacques et faites-les dorer à feu très vif 2 minutes de chaque côté.
4. Déglacez avec la crème, salez, poivrez légèrement et servez aussitôt avec des tagliatelles fraîches.

Civet de sanglier

Pour 6 personnes
Préparation : 20 min
Cuisson : 3 à 4 heures
Marinade : 1 nuit

1 bouteille de vin rouge corsé
5 cl de vinaigre de vin
1 jus de citron
3 bâtons de cannelle
5 clous de girofle
3 gousses de cardamome
1 pincée de sel
1 pincée de poivre
1 kg de sanglier
1 oignon émincé

1. La veille, préparez la marinade : mélangez le vin, le vinaigre, le jus de citron, les épices, le sel et le poivre.
2. Coupez le sanglier en morceaux. Faites-le mariner pendant 1 nuit.
3. Le jour même, faites revenir l'oignon dans une cocotte. Ajoutez le sanglier et la marinade et faites mijoter pendant 3 à 4 heures à feu doux.
4. Servez chaud avec des pommes de terre sautées ou des tagliatelles fraîches.

Chapon farci, sauce griottes-oranges

Pour 8 personnes
Préparation : 30 min
Cuisson : 3 h 20

3 oranges non traitées
30 g de jambon fumé en dés
250 g de chair à saucisses
40 g de raisins secs
1 chapon de 3 kg évidé
200 g de cerises en conserve égouttées
sel, poivre

1. Préchauffez le four à 180 °C (th. 6).
2. Prélevez le zeste de 2 oranges, puis faites-les pocher 1 minute dans de l'eau bouillante afin d'ôter leur amertume. Détaillez les oranges en suprêmes.
3. Faites dorer les dés de jambon dans une sauteuse. Ajoutez la chair à saucisses et faites revenir le tout 5 minutes à feu vif. Ajoutez les raisins, les zestes et les suprêmes d'orange. Laissez cuire à feu doux pendant 10 minutes. Salez, poivrez.
4. Dans une grande sauteuse, faites dorer le chapon 5 minutes de chaque côté. Farcissez-le du mélange chair à saucisses-oranges et placez-le dans un plat allant au four recouvert de papier d'aluminium. Faites-le cuire 2 heures, ôtez l'aluminium et laissez cuire encore 45 minutes.
5. Coupez la dernière orange non pelée en tranches et déposez-les dans le plat avec les cerises. Laissez cuire encore 15 minutes.

Chapon aux abricots et marrons

Pour 8 personnes
Préparation : 20 min
Cuisson : 3 h 20

180 g d'abricots secs
1 chapon de 3 kg
250 g de marrons en conserve
15 cl de muscat
50 cl de bouillon de légumes
sel, poivre

1. Préchauffez le four à 180 °C (th. 6).
2. Réhydratez les abricots secs dans de l'eau bouillante pendant 10 minutes.
3. Dans une grande sauteuse, faites dorer le chapon 5 minutes de chaque côté. Salez, poivrez.
4. Placez le chapon dans un plat allant au four avec les abricots et les marrons. Arrosez de muscat et de bouillon de légumes. Veillez à bien immerger les fruits.
5. Mettez le plat recouvert de papier d'aluminium au four et faites cuire 2 heures.
6. Au bout des 2 heures, ôtez l'aluminium et laissez cuire encore 1 heure.
7. Si nécessaire, faites réduire la sauce du chapon dans une poêle 10 minutes à feu vif.

Chapon aux morilles et vin jaune

Pour 8 personnes
Préparation : 30 min
Cuisson : 3 h 20

1 chapon de 3 kg
1 oignon
50 cl de vin jaune
60 g de morilles sèches
15 cl de crème liquide
sel, poivre

1. Préchauffez le four à 180 °C (th. 6).
2. Dans une grande sauteuse, faites dorer le chapon 5 minutes de chaque côté. Salez, poivrez.
3. Coupez l'oignon en fines tranches.
4. Placez le chapon dans un plat allant au four avec les oignons. Arrosez de vin.
5. Mettez le plat recouvert de papier d'aluminium au four et faites cuire 2 heures.
6. Pendant ce temps, réhydratez les morilles dans de l'eau chaude pendant 15 minutes. Renouvelez l'opération deux fois en pressant délicatement les morilles pour les essorer légèrement.
7. Au terme des 2 heures de cuisson, ôtez l'aluminium et laissez cuire encore 1 heure.
8. Faites ensuite réduire la sauce à feu très vif durant 10 minutes.
9. Faites sauter séparément les morilles dans la crème et 5 cl de jus du chapon.

Hachis Parmentier de canard

Pour 2 personnes
Préparation : 20 min
Cuisson : 20 min

2 cuisses de canard confit
4 pommes de terre moyennes
2 cuillerées à soupe d'huile d'olive
sel

1. Préchauffez le four à 180 °C (th. 6).
2. Déposez les cuisses de canard dans un plat allant au four et faites-les cuire 10 minutes, pour retirer l'excédent de graisse. Laissez-les refroidir et émiettez la chair.
3. Pelez les pommes de terre et faites-les cuire 15 minutes dans une casserole d'eau bouillante salée. Coupez-les en rondelles.
4. Répartissez la chair de canard dans 2 cercles à pâtisserie. Recouvrez de rondelles de pommes de terre. Versez 1 filet d'huile et faites cuire 4 minutes.
5. Servez chaud avec une salade de tomates.

Magret de canard aux épices

Pour 4 personnes
Préparation : 5 min
Cuisson : 15 min

50 g de miel
2 cuillerées à soupe de quatre-épices
1 cuillerée à café de gingembre râpé
2 magrets de canard
5 cl de vin rouge
sel, poivre

1. Préchauffez le four à 180 °C (th. 6).
2. Dans un bol, mélangez le miel, le quatre-épices et le gingembre.
3. À l'aide d'un couteau, quadrillez le gras des magrets sans en inciser la chair.
4. Dans une poêle, faites-les dorer à feu vif pendant 5 minutes sans ajouter de matière grasse. Salez, poivrez. Retirez le gras du magret au fur et à mesure.
5. Déglacez avec le vin rouge.
6. Placez les magrets dans un plat allant au four. Nappez-les de miel aux épices. Faites-les cuire 10 minutes au four.

Mon conseil : pour une cuisson à point, faites cuire les magrets 15 minutes.

Rôti de biche, sauce grand veneur

Pour 6 personnes
Préparation : 15 min
Cuisson : 1 h 45

2 carottes
2 oignons
2 échalotes
huile neutre
1 bouquet garni
60 g de beurre
30 g de farine
10 cl de vinaigre
de vin rouge
50 cl de vin rouge
50 cl de fond de gibier
1 rôti de biche de 1 kg
2 cuillerées à soupe
de gelée de groseilles
ou d'airelles
sel, poivre

1. Préchauffez le four à 210 °C (th. 6-7).
2. Pelez et coupez les carottes, les oignons et les échalotes. Faites-les blanchir 5 minutes dans de l'eau bouillante.
3. Égouttez-les et faites-les revenir avec un peu d'huile dans une sauteuse à feu moyen. Ajoutez le bouquet garni et laissez cuire 5 minutes.
4. Ajoutez 40 g de beurre, puis la farine. Mélangez. Mouillez avec le vinaigre et le vin et laissez réduire de moitié.
5. Ajoutez le fond de gibier, salez, poivrez et laissez cuire 1 heure environ à feu doux.
6. Pendant ce temps, placez le rôti dans un plat allant au four et faites-le cuire 35 minutes.
7. Ajoutez le reste de beurre et la confiture de groseilles dans la sauce du rôti. Mélangez bien. Dégustez le rôti de biche avec la sauce.

Mon conseil : comptez 15 à 20 minutes de cuisson pour 500 g de viande.

Rôti de bœuf en croûte, façon Rossini

Pour 4 personnes
Préparation : 15 min
Cuisson : 30 min

1 rôti de bœuf de 700 g
200 g de foie gras frais
1 pâte feuilletée
1 jaune d'œuf

1. Préchauffez le four à 240 °C (th. 7-8).
2. Dans une poêle, faites dorer le rôti 5 minutes de chaque coté à feu moyen, puis laissez refroidir.
3. Ouvrez le rôti dans la longueur jusqu'au centre et farcissez-le de foie gras.
4. Enroulez le rôti dans la pâte feuilletée de façon à ce que les bords soient glissés sous le rôti. S'il y a trop de pâte, coupez l'excédent.
5. Badigeonnez la pâte de jaune d'œuf. Percez un trou sur le haut de la pâte pour que la vapeur s'échappe.
6. Enfournez le rôti et faites-le saisir pendant 10 minutes, puis baissez la température à 180 °C (th. 6) et continuez la cuisson 15 minutes.

Recettes de Margot® :
http://justeunebouchée.fr

Risotto aux châtaignes et à la truffe

Pour 2 personnes
Préparation : 25 min
Cuisson : 40 min

½ oignon rouge
60 g de châtaignes cuites
8 g de truffe noire ou de brisures de truffes
1 cuillerée à soupe d'huile neutre
100 g de riz arborio
3 cl de vin blanc
50 cl de bouillon de légumes
2 cuillerées à soupe de crème liquide
sel, poivre

1. Pelez et hachez l'oignon. Coupez les châtaignes en deux et la truffe en lamelles.
2. Dans une sauteuse huilée, faites revenir l'oignon pendant 3 à 4 minutes.
3. Ajoutez le riz et laissez nacrer 1 minute.
4. Déglacez avec le vin blanc 30 secondes. Ajoutez environ ⅓ du bouillon de légumes de façon à recouvrir le riz.
5. Ajoutez la truffe et les châtaignes. Couvrez et laissez mijoter 10 minutes environ.
6. Lorsque le riz a absorbé le bouillon, ajoutez progressivement le reste de bouillon.
7. Après environ 20 à 25 minutes de cuisson, le riz est cuit. Il reste seulement un peu de liquide. Ajoutez la crème pour donner de l'onctuosité au risotto. Salez, poivrez.
8. Servez sans attendre.

Mon conseil : le risotto continue d'absorber l'humidité de la sauce et risque de sécher s'il n'est pas servi aussitôt.

Pommes de terre truffées au mascarpone

Pour 4 personnes
Préparation : 15 min
Cuisson : 45 min

4 pommes de terre de taille moyenne
100 g de mascarpone
10 g de truffe ou de brisures de truffe
4 cuillerées à soupe d'œufs de saumon
sel, poivre

1. Plongez les pommes de terre dans une casserole d'eau froide salée. Portez à ébullition, puis faites cuire 30 minutes à feu moyen.
2. Préchauffez le four à 180 °C (th. 6).
3. Placez les pommes de terre au four et faites-les cuire 15 minutes environ.
4. Sortez les pommes de terre du four. Coupez-les en deux parties (l'une doit être plus petite).
5. À l'aide d'une cuillère, creusez la chair de la pomme de terre et écrasez-la avec une fourchette.
6. Dans un saladier, mélangez la chair écrasée au mascarpone. Assaisonnez à votre goût. Ajoutez la truffe coupée en petits dés.
7. Garnissez les pommes de terre de cette farce.
8. Décorez d'œufs de saumon et servez sans attendre.

Bûche de Noël à l'orange

Pour 8 personnes
Préparation : 40 min
Cuisson : 1 h 15 min

1 œuf + 3 jaunes
+ 3 blancs
120 g de sucre semoule
120 g de farine

Pour la crème à l'orange
le zeste et le jus
de 2 oranges non traitées
100 g de sucre semoule
3 œufs
10 g de Maïzena®
délayée dans 2 cuillerées
à soupe d'eau

Pour la déco
1 blanc d'œuf
60 g de sucre semoule
30 g de gelée de coings
ou de pommes

1. Préchauffez le four à 180 °C (th. 6).
2. Dans un saladier, fouettez les jaunes et l'œuf avec la moitié du sucre. Ajoutez la farine. Mélangez. Montez les blancs en neige et faites meringuer avec le reste de sucre. Incorporez-les à la pâte. Étalez-la sur une plaque de cuisson recouverte de papier sulfurisé. Faites cuire 10 minutes. Retournez la plaque sur un torchon. Décollez le papier et roulez le biscuit dans le torchon.
3. Dans une casserole, fouettez le sucre et les œufs. Ajoutez le jus et le zeste, puis la Maïzena® délayée. Lorsque la préparation est homogène, portez-la à ébullition 5 minutes à feu moyen, jusqu'à épaississement. Laissez refroidir.
4. Préchauffez le four à 110 °C (th. 3-4).
5. Montez le blanc en neige, puis faites meringuer avec le sucre. Sur une plaque de cuisson recouverte de papier sulfurisé, dressez des bâtonnets de meringue. Faites-les cuire 1 heure, laissez-les refroidir, puis cassez-les en morceaux.
6. Déroulez le gâteau et garnissez-le de crème à l'orange. Enroulez-le de nouveau sur lui-même. Coupez les entames et placez la bûche dans un plat. Nappez de gelée de coing et parsemez de meringues. Conservez au frais.

Bûche de Noël à la crème de pain d'épices

Pour 8 personnes
Préparation : 30 min
Cuisson : 15 min
Repos : 30 min

1 œuf + 3 jaunes
+ 3 blancs
120 g de sucre semoule
120 g de farine
1 pincée de sel

Pour la crème de pain d'épices
30 cl de lait
3 jaunes d'œufs
80 g de sucre semoule
30 g de Maïzena®
1 cuillerée à café de mélange quatre-épices
6 morceaux de gingembre confits
sucre glace

1. Préchauffez le four à 180 °C (th. 6).
2. Dans un saladier, fouettez les jaunes et l'œuf avec la moitié du sucre. Ajoutez la farine. Mélangez. Montez les blancs en neige et faites meringuer avec le reste de sucre. Incorporez-les à la pâte. Étalez-la sur une plaque de cuisson recouverte de papier sulfurisé. Faites cuire 10 minutes. Retournez la plaque sur un torchon. Décollez le papier et roulez le biscuit dans le torchon.
3. Dans une casserole, faites bouillir le lait. Dans un saladier, battez les jaunes avec le sucre, la Maïzena® et les épices. Incorporez le lait bouillant sans cesser de fouetter. Versez la préparation dans la casserole 5 minutes à feu moyen sans cesser de remuer, jusqu'à ce que la préparation épaississe.
4. Déroulez le gâteau et étalez la crème. Répartissez les morceaux de gingembre confits coupés en petits morceaux et roulez le biscuit délicatement. Coupez les entames.
5. Saupoudrez la bûche de sucre glace. Placez-la dans un plat et réservez au frais.

Bûche de Noël à la mousse au chocolat

Pour 8 personnes
Préparation : 30 min
Cuisson : 10 min
Repos : 1 heure

1 œuf + 3 jaunes
+ 3 blancs
120 g de sucre semoule
120 g de farine
1 pincée de sel

Pour la mousse au chocolat
3 œufs
130 g de chocolat noir fondu
50 g de sucre semoule

Pour le glaçage au chocolat
100 g de chocolat noir
50 g de crème liquide

1. Préchauffez le four à 180 °C (th. 6).
2. Dans un saladier, fouettez les jaunes et l'œuf avec la moitié du sucre. Ajoutez la farine. Mélangez. Montez les blancs en neige et faites meringuer avec le reste de sucre. Incorporez-les à la pâte. Étalez-la sur une plaque de cuisson recouverte de papier sulfurisé. Faites cuire 10 minutes. Retournez la plaque sur un torchon. Décollez le papier et roulez le biscuit dans le torchon.
3. Séparez les blancs des jaunes. Dans un saladier, battez les jaunes avec le sucre. Ajoutez le chocolat fondu. Incorporez les blancs en neige. Réservez 1 heure au réfrigérateur.
4. Déroulez le gâteau et garnissez-le de mousse au chocolat. Roulez-le délicatement. Coupez les extrémités.
5. Faites fondre le chocolat avec la crème. Étalez le glaçage sur toute la surface.
6. Placez la bûche dans un plat et réservez au frais.

Bûche chocolat-pistaches

Pour 8 personnes
Préparation : 40 min
Cuisson : 10 min
Repos : 10 à 15 min

1 œuf + 3 jaunes
+ 3 blancs
120 g de sucre semoule
120 g de farine
10 g de cacao amer
en poudre

Pour la crème
à la pistache
80 g de pistaches non
salées et décortiquées
40 cl de lait
60 g de sucre semoule
40 g de Maïzena®
3 jaunes d'œufs

Pour la déco
60 g de chocolat noir
40 g de crème liquide

1. Préchauffez le four à 180 °C (th. 6).
2. Dans un saladier, fouettez les jaunes et l'œuf avec la moitié du sucre. Ajoutez la farine et le cacao. Mélangez. Montez les blancs en neige et faites meringuer avec le reste de sucre. Incorporez-les à la pâte. Étalez-la sur une plaque de cuisson recouverte de papier sulfurisé. Faites cuire 10 minutes. Retournez la plaque sur un torchon. Décollez le papier et roulez le biscuit dans le torchon.
3. Mixez les pistaches et le lait. Dans un saladier, mélangez le sucre, la Maïzena®, puis incorporez les jaunes. Dans une casserole, portez à ébullition le lait à la pistache. Versez-le progressivement dans le saladier. Mélangez, puis portez à ébullition en remuant constamment. Versez la crème dans un saladier et déposez un film alimentaire à la surface. Laissez refroidir.
4. Dans une casserole, faites fondre le chocolat à feu très doux. Incorporez la crème liquide et laissez refroidir.
5. Déroulez le biscuit et garnissez-le de la crème à la pistache. Roulez-le délicatement. Coupez les extrémités. Étalez dessus le glaçage au chocolat. Réservez la bûche au frais.

Parfait mangue-spéculos

Pour 2 personnes
Préparation : 20 min
Sans cuisson
Congélation : 4 heures

200 g de chair de mangue
20 cl de crème fraîche liquide très froide
2 jaunes d'œufs
70 g de sucre semoule
40 g de chocolat blanc
50 g de spéculos

1. Mixez finement la chair de mangue. Fouettez la crème fraîche en chantilly.
2. Dans un saladier, battez les jaunes d'œufs avec le sucre. Incorporez la crème chantilly et la purée de mangue.
3. Coupez le chocolat blanc et les spéculos en petits morceaux. Ajoutez-les au mélange précédent.
4. Versez la préparation dans un petit moule à cake de 15 x 8 cm et réservez 4 heures au congélateur.

Mon conseil : utilisez des petits moules individuels. Le parfait se conserve 2 semaines au congélateur.

Soufflés glacés aux marrons glacés

Pour 6 personnes
Préparation : 10 min
Sans cuisson
Congélation : 5 à 6 heures

4 œufs
25 cl de crème fraîche liquide non allégée
150 g de sucre semoule
100 g de brisures de marrons glacés
1 cuillerée à soupe de rhum

1. Séparez les blancs d'œufs des jaunes. Montez les blancs d'œufs en neige.
2. Fouettez la crème en chantilly.
3. Dans un saladier, incorporez délicatement la chantilly aux œufs en neige. Ajoutez 2 jaunes d'œufs, le sucre, les brisures de marrons glacés et le rhum.
4. Entourez 6 moules à soufflés d'une bande de papier sulfurisé en laissant dépasser en haut. Fixez-la avec de l'adhésif.
5. Remplissez les moules de mousse aux marrons et faites prendre 5 à 6 heures au congélateur.

Galette des rois classique à la frangipane

Pour 8 personnes
Préparation : 15 min
Cuisson : 20 à 25 min

100 g de sucre semoule
70 g de beurre mou
2 petits œufs
100 g de poudre d'amandes
2 pâtes feuilletées

1 fève

1. Préchauffez le four à 180 °C (th. 6).
2. Préparez la frangipane : dans un saladier, mélangez le sucre et le beurre, jusqu'à obtenir une consistance de pommade. Incorporez 1 œuf entier et 1 blanc (réservez le jaune pour la dorure), puis la poudre d'amandes.
3. Déroulez 1 pâte feuilletée sur une plaque à pâtisserie recouverte de papier sulfurisé. Étalez la frangipane sur la pâte en laissant un bord de 1 cm environ. Placez la fève.
4. Couvrez la frangipane avec la seconde pâte feuilletée. Repliez les bords des deux pâtes pour bien les souder. Avec un couteau, faites de légères incisions en forme de quadrillages pour décorer la galette.
5. À l'aide d'un pinceau, badigeonnez le dessus de jaune d'œuf délayé avec 1 cuillerée à soupe d'eau.
6. Enfournez et faites cuire 20 à 25 minutes. Servez tiède ou froid.

Galette des rois bananes-chocolat

Pour 8 personnes
Préparation : 15 min
Cuisson : 20 à 25 min

2 œufs
70 g de sucre blond
50 g de beurre mou
125 g de poudre d'amandes
2 pâtes feuilletées
40 g de pépites de chocolat
2 bananes

1 fève

1. Préchauffez le four à 180 °C (th. 6).
2. Préparez la crème d'amandes : dans un saladier, battez 1 œuf entier et 1 blanc (réservez le jaune pour la dorure) avec le sucre. Incorporez le beurre et la poudre d'amandes.
3. Déroulez 1 pâte feuilletée sur une plaque à pâtisserie recouverte de papier sulfurisé. Étalez la crème d'amandes sur la pâte en laissant un bord de 1 cm environ. Placez la fève. Répartissez les pépites de chocolat et les bananes coupées en rondelles.
4. Couvrez la garniture avec la seconde pâte feuilletée. Pressez les bords des deux pâtes pour bien les souder. Avec un couteau, faites de légères incisions en forme de quadrillages pour décorer la galette.
5. À l'aide d'un pinceau, badigeonnez le dessus de jaune d'œuf délayé avec 1 cuillerée à soupe d'eau.
6. Enfournez et faites cuire 20 à 25 minutes. Servez tiède ou froid.

Galette des rois ananas-coco

Pour 4 personnes
Préparation : 15 min
Cuisson : 20 à 25 min

1 œuf
60 g de noix de coco rapée
50 g de sucre semoule
35 g de beurre mou
60 g de chair d'ananas frais
1 pâte feuilletée

1 fève

1. Préchauffez le four à 180 °C (th. 6).
2. Séparez le blanc d'œuf du jaune. Dans un saladier, battez le blanc avec la noix de coco et le sucre. Incorporez le beurre.
3. Émincez l'ananas en lamelles.
4. Déroulez la pâte feuilletée sur votre plan de travail. Découpez 2 cercles dans la pâte.
5. Posez 1 cercle sur une plaque à pâtisserie recouverte de papier sulfurisé. Étalez la crème coco sur la pâte en laissant un bord de 1 cm environ. Placez la fève, puis répartissez les lamelles d'ananas.
6. Couvrez la garniture avec le second cercle de pâte feuilletée. Pressez les bords des deux cercles pour bien les souder. Avec un couteau, faites de légères incisions en forme de quadrillages pour décorer la galette.
7. À l'aide d'un pinceau, badigeonnez le dessus de jaune d'œuf délayé avec 1 cuillerée à soupe d'eau.
8. Enfournez et faites cuire 20 à 25 minutes. Servez tiède ou froid.

Galette des rois framboises-frangipane

Pour 8 personnes
Préparation : 15 min
Cuisson : 20 à 25 min

70 g de beurre mou
100 g de sucre semoule
2 œufs + 1 jaune pour la dorure
125 g de poudre d'amandes
1 cuillerée à soupe de farine
2 pâtes feuilletées
125 g de framboises fraîches ou surgelées

1 fève

1. Préchauffez le four à 180 °C (th. 6).
2. Préparez la frangipane : dans un saladier, mélangez le beurre et le sucre, jusqu'à obtenir une consistance de pommade. Incorporez les œufs battus, la poudre d'amandes et la farine.
3. Déroulez 1 pâte feuilletée sur une plaque à pâtisserie recouverte de papier sulfurisé. Étalez la frangipane sur la pâte en laissant un bord de 1 cm environ. Placez la fève. Répartissez les framboises.
4. Couvrez la garniture avec la seconde pâte feuilletée. Pressez les deux pâtes pour bien les souder. Avec un couteau, faites de légères incisions en forme de quadrillages pour décorer la galette.
5. À l'aide d'un pinceau, badigeonnez le dessus de jaune d'œuf délayé avec 1 cuillerée à soupe d'eau.
6. Enfournez et faites cuire 20 à 25 minutes. Servez tiède ou froid.

Galette des rois litchis-rose

Pour 8 personnes
Préparation : 20 min
Cuisson : 20 à 25 min

2 œufs moyens
70 g de sucre semoule
50 g de beurre mou
120 g de poudre d'amandes
1 à 2 cuillerées à café d'eau de rose
15 à 20 litchis
2 pâtes feuilletées

1 fève

1. Préchauffez le four à 180 °C (th. 6).
2. Dans un saladier, battez 1 œuf entier et 1 blanc (réservez le jaune pour la dorure) avec le sucre. Incorporez le beurre, la poudre d'amandes et l'eau de rose.
3. Pelez et dénoyautez les litchis.
4. Déroulez 1 pâte feuilletée sur une plaque à pâtisserie recouverte de papier sulfurisé. Étalez la crème d'amandes sur la pâte en laissant un bord de 1 cm environ. Ajoutez la fève, puis répartissez les morceaux de litchis.
5. Couvrez la garniture avec la seconde pâte feuilletée. Pressez les bords des deux pâtes pour bien les souder. Avec un couteau, faites de légères incisions en forme de quadrillages pour décorer la galette.
6. À l'aide d'un pinceau, badigeonnez le dessus de jaune d'œuf délayé avec 1 cuillerée à soupe d'eau.
7. Enfournez et faites cuire 20 à 25 minutes. Servez tiède ou froid.

Galette des rois à la pistache

Pour 8 personnes
Préparation : 15 min
Cuisson : 20 à 25 min

100 g de pistaches décortiquées
2 œufs
100 g de sucre semoule
1 cuillerée à soupe de farine
70 g de beurre mou
2 pâtes feuilletées

1 fève

1. Préchauffez le four à 200 °C (th. 6-7).
2. Mixez finement les pistaches avec 1 œuf entier et 1 blanc (réservez le jaune pour la dorure). Incorporez le sucre, la farine et le beurre.
3. Déroulez 1 pâte feuilletée sur une plaque à pâtisserie recouverte de papier sulfurisé. Étalez la crème à la pistache sur la pâte en laissant un bord de 1 cm environ. Placez la fève.
4. Couvrez la crème avec la seconde pâte feuilletée. Pressez les bords des deux pâtes pour bien les souder. Avec un couteau, faites de légères incisions en forme de quadrillages pour décorer la galette.
5. À l'aide d'un pinceau, badigeonnez le dessus de jaune d'œuf délayé avec 1 cuillerée à soupe d'eau.
6. Enfournez et faites cuire 20 à 25 minutes. Servez tiède ou froid.

Brioche des rois provençale aux fruits confits

Pour 6 personnes
Préparation : 20 min
Cuisson : 20 min
Repos : 3 h 15

1 sachet de levure type Briochin®
300 g de farine T45
50 g de sucre semoule
½ cuillerée à café de sel
1 gros œuf + 1 jaune pour la dorure
10 cl de lait tiède
2 cuillerées à soupe d'eau de fleur d'oranger
80 g de beurre mou
150 g de fruits confits
100 g de sucre cristallisé en grains (facultatif)

1 fève

1. Dans un bol, délayez la levure avec 2 cuillerées à soupe d'eau tiède. Laissez reposer 15 minutes.
2. Dans un saladier, mélangez la farine, la levure, le sucre semoule et le sel. Incorporez l'œuf battu, le lait et l'eau de fleur d'oranger. Pétrissez la pâte à la main (ou à la machine à pain) pendant 10 minutes. Laissez reposer 30 minutes sous un linge à température ambiante.
3. Ajoutez le beurre et les fruits confits. Laissez reposer 1 heure à température ambiante.
4. Pétrissez la pâte quelques minutes pour chasser l'air. Formez une couronne, puis glissez la fève dans la pâte. Déposez la brioche sur une plaque à pâtisserie recouverte de papier sulfurisé. Laissez lever 1 h 30 dans un endroit tiède.
5. Préchauffez le four à 180 °C (th. 6).
6. À l'aide d'un pinceau, dorez la brioche avec le jaune d'œuf. Saupoudrez éventuellement de sucre en grains.
7. Enfournez et laissez cuire 20 minutes.

Galette des rois poires-tonka

Pour 8 personnes
Préparation : 20 min
Cuisson : 20 à 25 min

50 g de beurre mou
70 g de sucre semoule
1 gros œuf + 1 jaune pour la dorure
120 g de poudre d'amandes
1 fève tonka
3 poires moyennes, bien mûres
2 pâtes feuilletées

1 fève

1. Préchauffez le four à 200 °C (th. 6-7).
2. Préparez la frangipane : dans un saladier, mélangez le beurre et le sucre jusqu'à obtenir une consistance de pommade. Incorporez l'œuf battu, la poudre d'amandes et la fève tonka râpée.
3. Pelez et épépinez les poires. Coupez-les en lamelles.
4. Déroulez 1 pâte feuilletée sur une plaque à pâtisserie recouverte de papier sulfurisé. Étalez la frangipane sur la pâte en laissant un bord de 1 cm environ. Placez la fève. Répartissez les lamelles de poires.
5. Couvrez la garniture avec la seconde pâte feuilletée. Pressez les bords des deux pâtes pour bien les souder. Avec un couteau, faites de légères incisions en forme de quadrillages pour décorer la galette.
6. À l'aide d'un pinceau, badigeonnez le dessus de jaune d'œuf délayé avec 1 cuillerée à soupe d'eau.
7. Enfournez et faites cuire 20 à 25 minutes. Servez tiède ou froid.

Galette des rois aux pommes vanillées

Pour 8 personnes
Préparation : 20 min
Cuisson : 20 à 25 min

2 œufs
70 g de sucre blond
50 g de beurre mou
125 g de poudre d'amandes
2 pommes
1 gousse de vanille
2 pâtes feuilletées

1 fève

1. Préchauffez le four à 180 °C (th. 6).

2. Préparez la crème d'amandes : dans un saladier, battez 1 œuf entier avec 1 blanc (réservez le jaune pour la dorure) et 50 g de sucre. Incorporez le beurre et la poudre d'amandes.

3. Pelez et épépinez les pommes. Coupez-les en lamelles. Dans une casserole, faites-les compoter 5 minutes avec le reste du sucre, la gousse de vanille fendue en deux et 5 cl d'eau.

4. Déroulez 1 pâte feuilletée sur une plaque à pâtisserie recouverte de papier sulfurisé. Étalez-y la crème d'amandes en laissant un bord de 1 cm environ. Répartissez les lamelles de pommes et placez la fève.

5. Couvrez la garniture avec la seconde pâte feuilletée. Pressez les bords des deux pâtes pour bien les souder. Avec un couteau, faites de légères incisions en forme de quadrillages pour décorer la galette.

6. À l'aide d'un pinceau, badigeonnez la galette de jaune d'œuf délayé avec 1 cuillerée à soupe d'eau.

7. Enfournez et faites cuire 20 à 25 minutes. Servez tiède ou froid.

Gâteau d'anniversaire coccinelle

Pour 8 à 10 personnes
Préparation : 40 min
Cuisson : 45 min

150 g de beurre fondu
180 g de sucre semoule
1 gousse de vanille
6 œufs
300 g de farine
15 g de levure chimique
100 g de framboises
200 g de pêche coupées en dés

Pour le glaçage
150 g de chocolat blanc
20 g de lait
50 g de sucre glace
1 cuillerée à soupe de cacao
colorant rose
½ pot de confiture de framboises
2 Smarties®
3 fraises
beurre pour le moule

1. Préchauffez le four à 180 °C (th. 6).
2. Dans un saladier, mélangez le beurre fondu, le sucre et les graines de vanille. Gardez la gousse. Ajoutez 3 œufs et 3 jaunes d'œufs. Mélangez. Incorporez la farine et la levure. Montez les blancs réservés en neige. Incorporez-les à la pâte ainsi que les framboises et les pêches. Versez la préparation dans un moule à manqué beurré. Enfournez 30 à 40 minutes, puis laissez refroidir.
3. Dans une casserole, faites fondre le chocolat blanc avec le lait à feu très doux, puis laissez refroidir. Dans un saladier, mélangez le chocolat fondu et le sucre glace. Réservez 3 cuillerées de cette préparation et incorporez le cacao. Teintez le reste en rose.
4. Découpez le gâteau à mi-hauteur de façon à obtenir 2 disques. Tartinez le disque de base de confiture de framboises. Coupez le second disque en 3 parties : la tête et les 2 ailes. Étalez le nappage rose sur les ailes et le nappage au chocolat sur la tête. Laissez sécher.
5. Déposez les Smarties® pour les yeux, et la gousse de vanille pour les antennes. Décorez les ailes de tranches de fraise.

Gâteau d'anniversaire papillon

Pour 8 à 10 enfants
Préparation : 30 min
Cuisson : 45 min
Repos : 1 heure

300 g de farine
1 paquet de levure chimique
1 pincée de cannelle en poudre
1 pincée de gingembre en poudre
1 pincée de muscade
140 g de sucre roux
160 g de miel
150 g de beurre + un peu pour les moules

Pour le glaçage
½ blanc d'œuf
100 g de sucre glace
colorant rose
crayon pâtissier
quelques bonbons (type Smarties®)

1. Préchauffez le four à 150 °C (th. 5).
2. Dans un saladier, mélangez la farine, la levure et les épices.
3. Dans une casserole, mélangez le sucre, le miel, 15 cl d'eau, puis le beurre et faites chauffer 5 minutes environ à feu doux.
4. Dans un autre saladier, mélangez les deux préparations. Versez la pâte dans un moule à manqué beurré de 26 ou 28 cm de diamètre et faites cuire 40 minutes environ. Laissez refroidir.
5. Découpez 2 grandes ailes dans le gâteau. Placez-les pour former un papillon.
6. Préparez le glaçage : dans un saladier, mélangez le blanc d'œuf avec le sucre et le colorant. Nappez le papillon de glaçage. Décorez selon votre goût, avec des petits bonbons ou un crayon pâtissier.

Gâteau d'anniversaire tortue

Pour 8 à 10 enfants
Préparation : 40 min
Cuisson : 1 heure
Repos : 1 heure

100 g de beurre mou
+ un peu pour le saladier
120 g de sucre semoule
1 cuillerée à café
de cannelle
4 œufs
200 g de farine
1 sachet de levure
chimique
4 poires

Pour le glaçage
100 g de chocolat noir
70 g de crème fraîche
liquide
1 pain au lait
crayon pâtissier

1. Préchauffez le four à 180 °C (th. 6).
2. Dans un saladier, mélangez le beurre avec le sucre et la cannelle. Battez les œufs et ajoutez-les à la préparation. Mélangez, puis incorporez la farine avec la levure tamisée.
3. Pelez et épépinez les poires. Coupez-les en dés et mélangez-les à la préparation.
4. Versez la préparation dans un saladier en verre allant au four beurré et faites cuire 1 heure. Sortez le gâteau du four et démoulez aussitôt. Laissez refroidir 1 heure à température ambiante, puis posez le gâteau sur un plat.
5. Préparez le glaçage : dans une casserole, faites fondre le chocolat avec la crème à feu très doux et nappez la tortue de ce glaçage.
6. Coupez le pain au lait en deux et placez la première moitié devant le gâteau pour former la tête. Découpez le reste du pain pour former les pattes et la queue.
7. Une fois le glaçage bien sec, décorez la tortue avec un crayon pâtissier.

Gâteau d'anniversaire à la framboise

Pour 6 à 8 personnes
Préparation : 15 min
Cuisson : 45 min
Repos : 1 heure

4 œufs
150 g de sucre semoule
280 g de farine
1 cuillerée à café de levure chimique
100 g de beurre
15 cl de lait
½ pot de confiture de framboises

1. Préchauffez le four à 180 °C (th. 6).
2. Dans un saladier, battez les œufs avec le sucre, jusqu'à ce que le mélange blanchisse.
3. Incorporez la farine et la levure, puis le beurre fondu et le lait préalablement chauffé.
4. Versez la préparation dans un moule à manqué de 24 cm de diamètre recouvert de papier sulfurisé et faites cuire 45 minutes environ.
5. Démoulez le gâteau sur une grille et laissez-le refroidir 1 heure.
6. Découpez-le en 3 disques. Garnissez le premier disque de confiture de framboises et recouvrez d'un disque. Recommencez l'opération encore une fois.

Œufs de Pâques à la pistache

Pour 4 personnes
Préparation : 15 min
Sans cuisson

40 g de pistaches non salées et décortiquées
120 g de ricotta
30 g de sucre semoule
4 œufs en chocolat creux de taille moyenne

1. Mixez les pistaches finement. Dans un saladier, mélangez la poudre de pistache avec la ricotta. Incorporez le sucre.
2. Cassez délicatement le haut des œufs en chocolat.
3. Garnissez-les de mousse de pistache.
4. Réservez au frais, puis servez avec le restant de mousse.

Variante : vous pouvez remplacer les pistaches entières par ½ cuillerée à café de pâte de pistache que vous trouverez en magasin bio.

Gâteau nid de Pâques

Pour 6 à 8 personnes
Préparation : 20 min
Cuisson : 35 min
Repos : 1 à 2 heures

4 œufs
160 g de sucre semoule
130 g de farine
½ sachet de levure chimique
3 cuillerées à soupe de lait
30 g de beurre + un peu pour le moule

Pour la déco
50 g de Nutella®
400 g de fritures et de petits œufs en chocolat

1. Préchauffez le four à 180 °C (th. 6).
2. Séparez les blancs d'œufs des jaunes. Dans un saladier, fouettez les jaunes avec 60 g de sucre. Incorporez la farine, la levure, le lait et le beurre préalablement fondu.
3. Montez les blancs d'œufs en neige et incorporez-les petit à petit à la préparation.
4. Versez la préparation dans un moule à savarin beurré et faites cuire 35 minutes.
5. Démoulez le gâteau à la sortie du four, puis replacez-le encore chaud dans son moule.
6. Préparez le sirop : dans une casserole, faites bouillir 35 cl d'eau avec le reste de sucre pendant 5 minutes. Versez aussitôt le sirop sur le savarin encore chaud et toujours dans son moule.
7. Laissez reposer 1 à 2 heures à température ambiante. Quand le savarin est entièrement imbibé, démoulez-le et posez-le sur un plat de présentation.
8. Garnissez un cornet à décor de Nutella® et décorez le gâteau. Disposez au centre du gâteau des fritures et des œufs en chocolat.

Mini-nids de Pâques

Pour 6 mini-nids
Préparation : 20 min
Cuisson : 15 à 20 min
Repos : 2 heures

50 g de beurre
50 g de chocolat noir
50 g de sucre semoule
60 g de farine
½ sachet de levure chimique
1 œuf

Pour la déco
chantilly
6 petits œufs au chocolat

1. Préchauffez le four à 180 °C (th. 6).
2. Dans une casserole, faites fondre le beurre et le chocolat à feu très doux.
3. Dans un saladier, mélangez le chocolat fondu, le sucre et la farine. Incorporez la levure, puis l'œuf en fouettant vigoureusement pour éviter les grumeaux.
4. Beurrez généreusement 6 mini-moules à kouglofs. Versez la préparation jusqu'à 1 cm du bord et faites cuire 15 à 20 minutes.
5. Démoulez soigneusement les mini-nids et laissez-les refroidir 2 heures à température ambiante.
6. Au moment de servir, déposez sur chaque nid 1 noisette de chantilly, puis décorez avec 1 œuf au chocolat.

Biscuits de Noël au chocolat

Pour 40 petits biscuits environ
Préparation : 30 min
Cuisson : 6 à 8 min
Repos : 30 min

150 g de farine
30 g de cacao
½ cuillerée à café de levure chimique
½ cuillerée à café de sel
½ cuillerée à café de cannelle
1 petit œuf
100 g de beurre mou
85 g de sucre semoule

Pour le glaçage
½ œuf
100 g de sucre glace

1. Préchauffez le four à 180 °C (th. 6).
2. Dans un saladier, mélangez la farine avec le cacao, la levure, le sel et la cannelle.
3. Battez l'œuf et incorporez-le à la préparation avec le beurre mou et le sucre.
4. Laissez reposer la pâte 30 minutes à température ambiante et étalez-la sur un plan de travail fariné.
5. Découpez 40 sapins à l'aide d'un emporte-pièce et placez-les sur la plaque du four recouverte de papier sulfurisé. Faites-les cuire 6 à 8 minutes.
6. Dans un saladier, mélangez le blanc d'œuf et le sucre glace, puis à l'aide d'une poche à douille, décorez les sapins.

Bonshommes de neige

Pour 12 bonshommes
Préparation : 25 min
Cuisson : 1 heure
Repos : 1 heure

2 blancs d'œufs
120 g de sucre semoule
crayon pâtissier
3 zestes d'orange confits

1. Préchauffez le four à 110 °C (th. 3-4).
2. Montez les blancs d'œufs en neige ferme et faites meringuer avec le sucre. Placez la meringue dans une poche à douille de 1 cm de diamètre environ.
3. Sur une plaque recouverte de papier sulfurisé, juxtaposez 3 ronds de meringue de taille croissante, 3, 4 et 5 cm environ pour former les bonshommes de neige.
4. Faites cuire 1 heure et laissez refroidir 1 heure à température ambiante.
5. Avec un crayon pâtissier, dessinez les boutons, les yeux et la bouche des bonshommes, puis taillez des petites pointes dans les zestes d'orange pour faire les nez.

Variante : vous pouvez utiliser du chocolat fondu à la place du crayon pâtissier.

Bonshommes en pain d'épices

Pour une vingtaine
de bonshommes
Préparation : 40 min
Cuisson : 6 à 8 min
Repos : 30 min

30 g de beurre
100 g de miel liquide
120 g de sucre roux
300 g de farine
½ sachet de levure chimique
2 cuillerées à café de mélange pour pain d'épices
1 œuf

Pour le glaçage
½ blanc d'œuf
100 g de sucre glace

1. Préchauffez le four à 180 °C (th. 6).
2. Dans une casserole, faites fondre le beurre à feu très doux. Retirez la casserole du feu et ajoutez le miel et le sucre roux. Mélangez.
3. Dans un récipient supportant la chaleur, tamisez la farine avec la levure et les épices. Ajoutez le contenu bien chaud de la casserole en remuant sans cesse, jusqu'à l'obtention d'un mélange homogène. Incorporez l'œuf battu.
4. Formez une boule de pâte à la main et laissez-la reposer 30 minutes au frais.
5. À l'aide d'un rouleau à pâtisserie, étalez la pâte d'une épaisseur de ½ cm sur un plan de travail fariné. Découpez les biscuits à l'aide d'un emporte-pièce et déposez-les sur une plaque recouverte de papier sulfurisé. Faites cuire 6 à 8 minutes et laissez refroidir.
6. Dans un saladier, mélangez le blanc d'œuf et le sucre glace et décorez les bonshommes de pain d'épices à l'aide d'une poche à douille.

Spirales sablées à la pistache

Pour une vingtaine de spirales
Préparation : 30 min
Cuisson : 15 min
Repos : 15 min
Congélation : 30 min

100 g de farine
50 g de beurre mou
60 g de sucre semoule
1 jaune d'œuf
1 pincée de sel
50 g de pistaches
1 blanc d'œuf

1. Dans un saladier, mélangez la farine et le beurre mou. Ajoutez 40 g de sucre, le jaune d'œuf et le sel. Malaxez jusqu'à l'obtention d'une pâte homogène. Laissez reposer 15 minutes au frais.
2. Mixez les pistaches avec le blanc d'œuf et le reste de sucre.
3. À l'aide d'un rouleau à pâtisserie, étalez la pâte sablée sur une feuille de papier sulfurisé et formez un rectangle de 3 mm d'épaisseur.
4. Répartissez la préparation à la pistache sur la pâte sablée.
5. Enroulez le rectangle sur lui-même en vous aidant du papier sulfurisé pour former un boudin. Laissez prendre 30 minutes au congélateur.
6. Préchauffez le four à 180 °C (th. 6).
7. Découpez le boudin en rondelles. Déposez-les sur une plaque de cuisson recouverte de papier sulfurisé. Faites cuire 15 minutes.

Truffes à la noix de coco

Pour 15 truffes environ
Préparation : 30 min
Cuisson : 5 min
Repos : 2 heures

150 g de chocolat blanc
40 g de noix de coco râpée
5 cl de lait de coco

1. Râpez le chocolat blanc. Dans une casserole, faites-le fondre à feu très doux.
2. Dans un saladier, mélangez le chocolat fondu, 20 g de noix de coco râpée et le lait de coco. Réservez au frais pendant 2 heures.
3. À l'aide d'une cuillère, prélevez des boules de chocolat à la noix de coco et roulez-les dans la noix de coco râpée. Effectuez cette opération jusqu'à épuisement de la pâte.

Truffes chocolat noir-piment

Pour 15 truffes environ
Préparation : 15 min
Cuisson : 5 min
Repos : 2 heures

150 g de chocolat noir
100 g de crème fraîche liquide
½ cuillerée à café de piment doux en poudre

Pour la déco
1 cuillerée à soupe de sucre semoule
1 cuillerée à soupe de paprika
½ cuillerée à café de piment doux en poudre

1. Dans une casserole, faites fondre le chocolat à feu très doux.
2. Dans un saladier, délayez progressivement le chocolat fondu avec la crème et ajoutez le piment en poudre.
3. Réservez 2 heures au frais.
4. À l'aide d'une cuillère, prélevez des boules de chocolat.
5. Dans un saladier, mélangez le sucre, le paprika et le piment, puis roulez les truffes dans ce mélange. Effectuez l'opération jusqu'à épuisement de la pâte.

Truffes marrons-chocolat

Pour une quinzaine
de truffes
Préparation : 25 min
Cuisson : 5 min
Repos : 2 heures

100 g de chocolat noir
60 g de beurre doux
120 g de crème
de marrons vanillée
cacao en poudre

1. Dans une casserole, faites fondre le chocolat à feu très doux. Ajoutez peu à peu le beurre coupé en morceaux. Mélangez avec une cuillère en bois.
2. Retirez la casserole du feu. Dans un saladier, mélangez la préparation au chocolat avec la crème de marrons.
3. Réservez la préparation 2 heures au frais pour que le chocolat durcisse.
4. À l'aide d'une petite cuillère, formez des boules avec le chocolat refroidi et roulez-les dans le cacao en poudre. Effectuez l'opération jusqu'à épuisement de la pâte.

Verrines courgette, chèvre frais et radis

Pour 2 personnes
Préparation : 10 min
Cuisson : 10 min

1 petite courgette
100 g de fromage de chèvre frais
½ botte de radis
1 cuillerée à soupe d'huile d'olive
6 feuilles de menthe
sel, poivre

1. Coupez la courgette en rondelles sans l'éplucher et faites-la cuire 10 minutes dans une sauteuse avec l'huile d'olive, sur feu moyen. Salez, poivrez et mixez avec les feuilles de menthe.
2. Mélangez le chèvre frais avec 2 cuillerées à soupe d'eau.
3. Mixez grossièrement les radis avec 1 pincée de sel.
4. Dans 2 verrines, répartissez une couche de courgette, de fromage de chèvre et de radis. Servez frais.

Roulés d'aubergine au pesto et mini-pizzas à la tapenade

Pour 2 personnes
Préparation : 15 min
Cuisson : 25 min

Pour les roulés d'aubergine
1 petite aubergine
2 cuillerées à soupe d'huile d'olive
1 petit pot de pesto

Pour 24 mini-pizzas
1 pâte à pizza
50 g de tapenade
12 tomates cerises

1. Préparez les roulés d'aubergine : émincez l'aubergine en fines tranches. Badigeonnez-les d'huile d'olive et faites-les cuire 10 minutes dans le four préchauffé à 180 °C (th. 6).
2. Tartinez les tranches d'aubergine de pesto. Roulez-les en les maintenant avec un cure-dent.
3. Préparez les mini-pizzas : déroulez la pâte à pizza. À l'aide d'un emporte-pièce de 4 cm de diamètre ou d'une tasse, découpez des rondelles.
4. Recouvrez de tapenade. Déposez ½ tomate cerise.
5. Faites cuire 15 minutes environ dans le four préchauffé à 200 °C (th. 6-7).

Mon conseil : pour des pizzas plus onctueuses, mélangez un peu de sauce tomate à la tapenade. Vous pouvez congeler les pizzas restantes pour une autre occasion.

Brochettes melon-magret et pastèque-feta

Pour 2 personnes
Préparation : 15 min
Sans cuisson

½ melon
¼ de pastèque
50 g de feta
10 tranches de magret de canard fumé
poivre

1. Prélevez des billes de melon et de pastèque avec une cuillère parisienne.
2. Coupez la feta en gros cubes.
3. Sur des piques en plastiques, alternez les billes de melon avec les tranches de magret, et sur d'autres piques, les billes de pastèque avec la feta. Poivrez.

Mon conseil : si vous n'avez pas de cuillère parisienne, détaillez les fruits en cubes.

Velouté de fèves aux baies roses

Pour 2 personnes
Préparation : 8 min
Cuisson : 12 min

200 g de fèves fraîches, écossées
100 g de faisselle
½ cuillerée à café de paprika
1 cuillerée à café de baies roses
sel, poivre

1. Faites cuire les fèves 12 minutes dans une casserole d'eau bouillante salée.
2. Égouttez-les et mixez-les avec la faisselle, 10 cl d'eau, le paprika et les baies roses. Salez, poivrez.
3. Répartissez le velouté dans des petits bols ou des tasses et servez chaud, avec des croûtons ou des tranches de pain grillé.

Mon conseil : vous ferez également un délicieux velouté en remplaçant les fèves par des petits pois frais et quelques feuilles de menthe.

Crevettes et champignons sautés au curry

Pour 2 personnes
Préparation : 10 min
Cuisson : 10 min

300 g de petits champignons blancs frais
2 cuillerées à soupe d'huile neutre
½ cuillerée à café de garam massala
le jus de ½ citron
200 g de crevettes
2 cuillerées à soupe de coriandre fraîche ciselée
sel, poivre

1. Nettoyez les champignons avec un chiffon humide et ôtez le pied terreux. Coupez-les en deux.
2. Faites dorer les champignons dans une sauteuse avec l'huile chaude pendant 10 minutes environ. Ajoutez le garam massala, le jus de citron, les crevettes et la coriandre. Mélangez bien et laissez cuire 1 minute. Salez, poivrez.
3. Servez chaud, avec des naans ou des chapatis.

Carpaccio de cèpes au chèvre frais

Pour 4 personnes
Préparation : 10 min
Sans cuisson
Repos : 30 min

6 à 8 beaux cèpes
4 cuillerées de fromage de chèvre frais doux
2 cuillerées à café de jus de citron
2 pincées de sel
4 cuillerées à soupe d'huile aux cèpes
quelques amandes

1. Détaillez les cèpes en très fines lamelles.
2. Déposez-les dans une assiette, ajoutez 1 cuillerée de fromage de chèvre, puis salez très légèrement.
3. Arrosez l'assiette de citron et d'huile.
4. Laissez mariner 30 minutes avant de servir. Réservez au frais. Servez parsemé d'amandes concassées.

Astuce : vous pouvez remplacer l'huile aux cèpes par de l'huile neutre.

Brioches à l'œuf cocotte

Pour 4 personnes
Préparation : 30 min
Cuisson : 35 min
Repos : 1 h 15
Programme pâte seule :
45 min à 1 h 30

1 cuillerée à soupe de levure de boulanger
12 cl de lait tiède
225 g de farine
35 g de beurre
5 cl de crème fraîche liquide
4 œufs
sel, poivre
beurre pour les moules

1. Dans la cuve de la machine à pain, réhydratez la levure avec le lait tiède. Laissez reposer 15 minutes.
2. Ajoutez la farine, ½ cuillerée à café de sel et le beurre, puis lancez le programme « pâte seule » 45 minutes à 1 h 30 selon votre appareil.
3. Divisez la brioche en quatre pâtons de 90 g environ. Façonnez des boules que vous placerez dans des moules à briochettes beurrés. Laissez lever 1 heure à température ambiante.
4. Préchauffez le four à 180 °C (th. 6).
5. Faites cuire les brioches 20 minutes environ.
6. Sortez-les du four et laissez-les tiédir. Découpez le chapeau des brioches et creusez le centre. Déposez 1 cuillerée à soupe de crème fraîche. Salez, poivrez. Cassez 1 œuf dans la brioche.
7. Placez au four et faites cuire 15 minutes environ toujours à la même température.

Sorbet au fromage de chèvre et au miel

Préparation : 5 min
Cuisson : 1 min
Sorbetière : 30 min

80 g de miel
1 cuillerée à café de thym
200 g de fromage de chèvre frais

1 sorbetière

1. Dans une casserole, faites bouillir 18 cl d'eau, le miel et le thym pendant 1 minute.
2. Mixez le tout avec le fromage de chèvre.
3. Faites prendre la préparation en sorbetière pendant 30 minutes environ.

Mon conseil : servez ce sorbet en entrée, sur une tartine de pain aux céréales, avec une salade de mâche aux noix.

Saumon mariné à la moutarde et au miel

Pour 4 personnes
Préparation : 15 min
Sans cuisson
Repos : 2 heures minimum

5 cuillerées à soupe de moutarde
2 cuillerées à soupe d'huile neutre
4 cuillerées à soupe de vinaigre de cidre
1 cuillerée à café de sel
4 cuillerées à soupe de miel
1 oignon finement émincé
½ bouquet d'aneth haché
400 g de saumon frais

1. Dans un saladier, mélangez la moutarde, l'huile, le vinaigre, le sel, le miel, l'oignon et l'aneth.
2. Coupez le saumon en tranches bien fines. Déposez-le dans la marinade et couvrez-le bien.
3. Laissez mariner au réfrigérateur pendant 2 heures minimum.

Crumble tomates, bœuf haché et coriandre

Pour 2 personnes
Préparation : 15 min
Cuisson : 20 min

1 oignon
3 tomates
1 cuillerée à soupe d'huile d'olive
200 g de bœuf haché
1 cuillerée à café de cumin
2 cuillerées à soupe de coriandre ciselée

Pour la pâte
75 g de farine
30 g de flocons d'avoine
20 g de parmesan râpé
40 g de beurre demi-sel

1. Préchauffez le four à 180 °C (th. 6).
2. Pelez et émincez finement l'oignon. Coupez les tomates en cubes.
3. Dans une sauteuse, faites fondre l'oignon avec l'huile. Ajoutez la viande, les tomates et le cumin. Laissez cuire 10 minutes et parsemez de coriandre.
4. Dans un saladier, mélangez la farine avec les flocons d'avoine, le parmesan et le beurre en émiettant la pâte du bout des doigts de façon à obtenir une consistance sableuse.
5. Répartissez la viande dans 2 verrines. Recouvrez de pâte à crumble. Enfournez et faites cuire 10 minutes.

Risotto aux asperges et jambon cru

Pour 2 personnes
Préparation : 10 min
Cuisson : 25 min

1 oignon
1 cuillerée à soupe d'huile d'olive
150 g de riz arborio
5 cl de vin blanc sec
40 cl de bouillon de volaille
½ botte d'asperges
30 g de parmesan fraîchement râpé
2 tranches de jambon cru
sel, poivre

1. Pelez et émincez finement l'oignon. Dans une sauteuse, faites-le fondre avec l'huile d'olive. Ajoutez le riz et laissez-le cuire 2 à 3 minutes, jusqu'à ce qu'il soit translucide.
2. Versez le vin blanc, portez rapidement à ébullition et laissez bouillir, jusqu'à réduction presque complète du liquide. Ajoutez une louche de bouillon et laissez-la s'évaporer. Continuez ainsi avec le reste du bouillon, en l'ajoutant petit à petit.
3. Faites cuire les asperges 10 à 15 minutes dans une casserole d'eau bouillante salée.
4. Lorsque le risotto est bien crémeux mais avec des grains encore un peu fermes (après 15 à 20 minutes de cuisson), incorporez les asperges et le parmesan. Salez, poivrez.
5. Servez avec des lanières de jambon cru.

Risotto aux morilles

Pour 4 personnes
Préparation : 5 min
Cuisson : 25 min
Repos : 15 min

20 g de morilles sèches
1 échalote
2 cuillerées à soupe d'huile neutre
200 g de riz arborio
5 cl de vin blanc
60 cl de bouillon de légumes
15 cl de crème légère
30 g de parmesan

1. Plongez les morilles dans un grand bol d'eau chaude pendant 15 minutes. Essorez et réservez-les.

2. Hachez finement l'échalote.
Dans une sauteuse à bords hauts, faites revenir l'échalote avec l'huile. Ajoutez le riz et faites nacrer pendant 1 minute à feu moyen.

3. Déglacez avec le vin blanc, puis ajoutez le bouillon de légumes, jusqu'à recouvrir le riz.

4. Couvrez et laissez mijoter 15 minutes à feu moyen en ajoutant régulièrement du bouillon dès que celui-ci est absorbé.

5. Ajoutez ensuite les morilles et la crème. Laissez cuire encore 5 minutes, puis incorporez le parmesan.

6. Servez sans attendre.

Roulés de sole au curry sur riz épicé

Pour 2 personnes
Préparation : 10 min
Cuisson : 20 min

120 g de riz basmati
8 cl de lait de coco
1 tomate
½ cuillerée à café de curry
2 filets de sole
2 brins de ciboulette
sel, poivre

Pour la sauce
5 cl de lait de coco
5 cl de crème fraîche liquide
½ cuillerée à café de curry
sel

1. Faites cuire le riz dans une casserole avec le lait de coco et 20 cl d'eau, à feu doux pendant 20 minutes. Quelques minutes avant la fin de la cuisson, ajoutez la tomate émincée en petits cubes et le curry. Salez, poivrez.

2. Roulez les filets de sole et attachez-les avec un brin de ciboulette. Faites-les cuire environ 10 minutes à la vapeur.

3. Préparez la sauce : dans une casserole, faites chauffer le lait de coco avec la crème. Ajoutez le curry et salez à votre convenance.

4. Dressez dans chaque assiette 1 filet de sole entouré de riz et nappé de sauce.

Gigot d'agneau au miel et à la moutarde

Pour 4 personnes
Préparation : 5 min
Cuisson : 45 min

1 gigot d'agneau de 1,5 kg
2 cuillerées à soupe de miel
1 cuillerée à soupe de moutarde
1 cuillerée à café de curry
20 g de beurre
sel, poivre

1. Préchauffez le four à 200 °C (th. 6-7).
2. Salez et poivrez le gigot d'agneau. Dans un bol, mélangez le miel, la moutarde et le curry. Nappez l'agneau de ce mélange et déposez-le dans un plat allant au four.
3. Répartissez des noisettes de beurre sur le dessus de la viande et versez 2 cm d'eau dans le plat.
4. Enfournez et faites cuire 45 minutes.

Astuce : pour la cuisson du gigot d'agneau, comptez 15 minutes par 500 g.

Pintade farcie au Boursin®

Pour 6 personnes
Préparation : 10 min
Cuisson : 1 heure

1 pintade fermière vidée d'environ 1,2 kg
1 Boursin® cuisine ail et fines herbes
2 cuillerées à soupe d'huile neutre
sel, poivre

1. Préchauffez le four à 200 °C (th. 6-7).
2. Garnissez la pintade de Boursin® cuisine. Ficelez la pintade et badigeonnez-la d'un peu d'huile. Salez, poivrez.
3. Enfournez et faites cuire la pintade 1 heure. Arrosez-la de temps en temps avec son jus de cuisson.
4. Servez chaud et tartinez la farce sur des tranches de pain grillé.

Astuce : on compte environ 25 minutes de cuisson par 500 g de viande, plus 10 minutes supplémentaires si la pintade est farcie. À vous d'adapter le temps de cuisson selon le poids de votre pintade.

Pavés d'autruche au porto

Pour 2 personnes
Préparation : 5 min
Cuisson : 15 min

3 échalotes
1 filet d'huile d'olive
½ cuillerée à café de gingembre
4 cl de porto
2 pavés d'autruche
sel

1. Pelez et émincez finement les échalotes.
2. Dans une poêle, faites revenir les échalotes avec l'huile. Faites cuire quelques minutes à feu moyen pour qu'elles soient fondantes. Ajoutez le gingembre, le porto et laissez cuire 2 minutes de plus.
3. Dans une autre poêle chaude, faites saisir les pavés d'autruche 3 minutes à feu vif de chaque côté. Salez.
4. Servez les pavés en tranches avec les échalotes et une purée de patates douces par exemple.

Filets de dinde aux morilles

Pour 2 personnes
Préparation : 10 min
Cuisson : 10 min

10 morilles déshydratées
2 filets de dinde (250 g)
3 cuillerées à soupe de vin blanc
4 cuillerées à soupe de crème liquide
sel, poivre

1. Plongez les morilles 15 minutes dans un bol d'eau chaude, rincez-les plusieurs fois et égouttez-les soigneusement.
2. Dans une sauteuse, faites revenir les filets de dinde avec les morilles pendant 5 minutes à feu moyen. Retournez les filets et arrosez-les de vin blanc et de crème. Laissez mijoter encore 5 minutes à feu doux. Salez, poivrez.
3. Servez aussitôt avec quelques tagliatelles fraîches ou une purée de carottes.

Roulés de volaille aux pistaches et au comté

Pour 4 personnes
Préparation : 20 min
Cuisson : 25 min

4 escalopes de dinde bien fines
50 g de pistaches non salées et décortiquées
100 g de comté
3 cuillerées à café d'huile d'olive
5 cl de vin blanc
10 cl de bouillon de légumes
sel, poivre

1. Couvrez les escalopes de dinde d'un film alimentaire et aplatissez-les à l'aide d'un rouleau à pâtisserie. Ôtez le film.
2. Concassez les pistaches et coupez le comté en fines lamelles. Répartissez-les sur les escalopes de dinde. Salez légèrement et poivrez.
3. Enroulez chaque escalope sur elle-même et fixez-la à l'aide d'une pique.
4. Dans une sauteuse huilée et bien chaude, faites dorer les rouleaux de dinde 5 minutes de chaque coté à feu moyen, puis laissez cuire à feu doux.
5. Déglacez avec le vin blanc et le bouillon. Couvrez et laissez cuire 20 minutes.
6. Servez chaud avec des tagliatelles fraîches.

Médaillons de veau à la crème

Pour 2 personnes
Préparation : 5 min
Cuisson : 25 min

150 g de chou romanesco
150 g de petites carottes
2 cuillerées à soupe d'huile neutre
2 médaillons de veau
3 cuillerées à soupe de vin blanc
7 cl de crème fraîche
sel, poivre

1. Faites cuire le chou et les carottes dans une grande casserole d'eau bouillante salée pendant 10 minutes.
2. Dans une poêle, faites chauffer l'huile à feu vif. Salez les médaillons de veau de chaque côté et faites-les dorer 5 minutes sur une face (sans les déplacer). Retournez-les et poursuivez la cuisson 5 minutes.
3. Ajoutez le vin blanc, la crème et 7 cl d'eau. Laissez cuire encore quelques minutes. Poivrez.
4. Servez chaud avec les légumes nappés de sauce.

Tournedos de bœuf au vin rouge

Pour 2 personnes
Préparation : 15 min
Cuisson : 15 min

1 échalote
200 g de champignons de Paris
2 cuillerées à soupe d'huile neutre
2 tournedos de bœuf
10 cl de vin rouge
30 g de beurre
sel, poivre

1. Émincez finement l'échalote. Coupez les champignons en quatre.
2. Dans une sauteuse légèrement huilée, faites revenir les champignons et l'échalote à feu vif pendant 5 minutes.
3. Déposez les tournedos dans la sauteuse. Faites-les dorer 2 minutes de chaque coté à feu vif. Salez, poivrez. Réservez les tournedos entre deux assiettes chaudes.
4. Déglacez la poêle avec le vin rouge. Faites réduire à feu très vif pendant 3 minutes en remuant régulièrement.
5. Hors du feu, incorporez le beurre froid coupé en dés, émulsionnez et servez aussitôt la viande chaude accompagnée de sa sauce.

Mousse au chocolat noir et lemon curd

Pour 2 personnes
Préparation : 15 min
Cuisson : 3 min
Repos : 1 heure

2 œufs
1 pincée de sel
75 g de chocolat noir
à 60 % de cacao
50 g de sucre semoule
4 cuillerées à soupe de
lemon curd

1. Séparez les blancs d'œufs des jaunes. Montez les blancs en neige ferme avec 1 pincée de sel.
2. Faites fondre le chocolat au bain-marie. Hors du feu, ajoutez les jaunes et le sucre. Incorporez délicatement les blancs à l'aide d'une spatule (avec un mouvement circulaire du bas vers le haut pour ne pas casser les blancs).
3. Répartissez la mousse dans 2 verrines. Recouvrez de 2 cuillerées à soupe de lemon curd.
4. Réservez 1 heure au frais avant de servir.

Financiers et petites crèmes

Pour 2 personnes
Préparation : 15 min
Cuisson : 25 min

Pour 8 à 10 financiers
2 blancs d'œufs
50 g de poudre d'amandes
25 g de farine
35 g de sucre semoule
25 g de beurre fondu

Pour 6 petites crèmes
25 cl de lait de soja (ou de vache)
2 jaunes d'œufs
20 g de sucre semoule
½ cuillerée à soupe d'eau de fleur d'oranger

1. Préchauffez le four à 180 °C (th. 6).
2. Préparez les financiers : battez les blancs d'œufs à la fourchette. Incorporez la poudre d'amandes, la farine, le sucre, puis le beurre fondu.
3. Répartissez la préparation dans des moules à mini-muffins. Enfournez et faites cuire 15 minutes.
4. Préparez les crèmes : faites chauffer le lait. Fouettez les jaunes d'œufs avec le sucre, jusqu'à ce que le mélange blanchisse. Versez le lait chaud et remettez le tout à chauffer 2 minutes (sans laisser bouillir). Ajoutez l'eau de fleur d'oranger.
5. Répartissez la préparation dans des verrines. Faites cuire 10 minutes dans le four toujours à 180 °C.
6. Servez les petites crèmes froides avec les financiers.

Macarons citron-violette

Pour 15 à 20 macarons
Préparation : 40 min
Cuisson : 20 min
Repos : 1 heure

80 g de poudre d'amandes
160 g de sucre glace
2 blancs d'œufs
1 pincée de sel
20 g de sucre semoule
1 pincée de colorant violet en poudre

Pour la crème de citron
10 g de Maïzena®
10 cl de jus de citron
1 gros œuf
50 g de sucre semoule
½ cuillerée à café d'arôme de violette

1. Préchauffez le four à 160 °C (th. 5).
2. Mixez finement la poudre d'amandes et le sucre glace. Passez au tamis.
3. Battez les blancs en neige avec le sel. Ajoutez le sucre et mélangez, jusqu'à obtenir une meringue bien brillante. À l'aide d'une maryse, incorporez délicatement la préparation sucre-amandes et le colorant, en soulevant de bas en haut.
4. À l'aide d'une poche à douille, formez des petits macarons sur une plaque à pâtisserie recouverte de papier sulfurisé. Laissez reposer 1 heure à température ambiante. Faites cuire 12 à 15 minutes, puis laissez refroidir.
5. Diluez la Maïzena® dans un peu de jus de citron. Dans un saladier, battez l'œuf avec le sucre. Ajoutez la Maïzena® et le jus de citron restant. Dans une casserole, faites cuire 5 minutes à feu doux en remuant régulièrement, jusqu'à ce que le mélange épaississe.
6. Hors du feu, ajoutez l'arôme de violette. Versez la préparation dans un pot en verre. Fermez et laissez-le refroidir avant d'en garnir les macarons.

Paniers de meringue et sorbet mangue-ananas

Pour 2 personnes
Préparation : 1 heure
Cuisson : 2 heures
Sorbetière : 40 min

Pour les paniers
1 blanc d'œuf
60 g de sucre semoule
50 g de mangue
50 g d'ananas

Pour le sorbet
50 g de sucre semoule
200 g de mangue
200 g d'ananas

1 sorbetière

1. Préchauffez le four à 110 °C (th. 3-4).
2. Préparez les paniers : montez le blanc d'œuf en neige et faites meringuer avec le sucre, jusqu'à l'obtention d'une meringue brillante et lisse. À l'aide d'une poche à douille, dressez des paniers dans des moules en silicone en forme de demi-sphère.
3. Faites-les cuire pendant 2 heures, puis laissez-les entièrement refroidir avant de les démouler.
4. Préparez le sorbet : dans une casserole, faites bouillir le sucre avec 5 cl d'eau pendant 1 minute à feu vif.
5. Pelez et coupez les fruits en dés. Mixez-les avec le sirop. Faites prendre la préparation en sorbetière pendant 40 minutes environ.
6. Au moment de servir, à l'aide d'une râpe à muscade, élimez légèrement le fond des paniers en meringue pour les faire tenir dans l'assiette. Garnissez-les de dés de fruits, puis placez-les dans une assiette avec une quenelle de sorbet.

Perles du Japon à la cardamome

Pour 2 personnes
Préparation : 5 min
Cuisson : 20 min

80 g de perles du Japon (ou tapioca)
30 cl de lait de coco
20 cl de lait de soja (ou de vache)
6 cuillerées à soupe de sucre semoule
½ cuillerée à café de cardamome en poudre

1. Mélangez l'ensemble des ingrédients dans une casserole.
2. Faites chauffer 15 à 20 minutes à feu doux, jusqu'à ce que les perles du Japon soient tendres.
3. Répartissez dans 2 petits ramequins. Réservez au réfrigérateur.

Tiramisu aux spéculos

Pour 4 personnes
Préparation : 20 min
Sans cuisson
Repos : 2 heures

180 g de spéculos
10 cl de café fort
4 œufs
50 g de sucre semoule
250 g de mascarpone
cacao en poudre

1. Trempez les spéculos dans le café, émiettez-les, puis garnissez le fond de 4 ramequins.
2. Séparez les blancs d'œufs des jaunes. Dans un saladier, battez les jaunes avec le sucre, jusqu'à ce que le mélange blanchisse. Ajoutez le mascarpone et continuez de mélanger, jusqu'à l'obtention d'une préparation homogène.
3. Battez les blancs d'œufs en neige et incorporez-les délicatement au mélange.
4. Répartissez une première couche de crème dans les ramequins. Déposez une seconde couche de spéculos imbibés de café, et recouvrez-la avec le restant de crème.
5. Réservez 2 heures au frais. Au moment de servir, saupoudrez de cacao.

Macarons roses fourrés à la chantilly

Pour 2 personnes
Préparation : 5 min
Sans cuisson

2 gros macarons
à la rose
10 framboises
chantilly sous pression
1 fruit de la passion

1. Coupez délicatement les macarons en deux.
2. Déposez 5 framboises sur le contour d'un demi-macaron. Garnissez de chantilly et refermez les macarons.
3. Présentez dans une jolie petite assiette avec un peu de pulpe du fruit de la passion.

Mon conseil : préparez ce dessert au dernier moment. Prévoyez 2 macarons supplémentaires au cas où vous en abîmeriez un en le coupant en deux.

Crèmes brûlées au safran

Pour 4 personnes
Préparation : 5 min
Cuisson : 20 min
Repos : 1 heure

2 jaunes d'œufs
35 g de sucre blond de canne + 2 cuillerées à café pour le caramel
1 pincée de safran
4 cuillerées à soupe de crème liquide
16 cl de lait

1. Préchauffez le four à 140 °C (th. 4-5).
2. Dans un saladier, battez les jaunes d'œufs avec le sucre et le safran. Incorporez la crème et le lait.
3. Versez la préparation dans 4 mini-ramequins et faites cuire 20 minutes environ.
4. Laissez refroidir et réservez pendant 1 heure minimum au frais.
5. Au moment de servir, saupoudrez chaque ramequin de ½ cuillerée à café de sucre blond de canne, puis caramélisez la surface avec un chalumeau.

Mousse de fromage blanc

Pour 4 personnes
Préparation : 30 min
Cuisson : 15 min
Repos : 2 h 10

1 œuf
50 g de sucre semoule
35 g de farine
1 cuillerée à café de levure chimique

Pour la crème
2 feuilles de gélatine trempées 10 minutes dans de l'eau froide, puis essorées
200 g de fromage blanc
60 g de sucre semoule
20 cl de crème fouettée
vanille

Pour le nappage
100 g de framboises
20 g de sucre semoule
1 feuille de gélatine trempée 10 minutes dans de l'eau froide, puis essorée

1. Préchauffez le four à 180 °C (th. 6). Battez le blanc en neige et faites meringuer avec le sucre. Ajoutez le jaune. Mélangez, puis incorporez progressivement la farine et la levure.
2. Déposez 4 cercles à pâtisserie sur une plaque recouverte de papier sulfurisé. Versez la préparation dans les cercles. Faites cuire 10 minutes, jusqu'à ce que les biscuits soient légèrement dorés. Laissez refroidir.
3. Faites chauffer la gélatine 30 secondes au micro-ondes pour la faire fondre. Dans un saladier, fouettez le fromage blanc et le sucre. Ajoutez la gélatine fondue et la vanille. Incorporez délicatement la crème.
4. Placez vos biscuits dans vos cercles à entremets. Répartissez dessus la mousse au fromage blanc. Laissez prendre au frais.
5. Dans une casserole, faites cuire les framboises et le sucre 5 minutes à feu doux, puis mixez le tout. Ajoutez la gélatine. Mélangez bien. Répartissez le nappage sur les entremets et laissez prendre 2 heures au frais.

Charlotte aux framboises

Pour 2 charlottes
Préparation : 20 min
Cuisson : 5 min
Repos : 2 h 15

1 barquette de framboises (125 g)
3 feuilles de gélatine
80 g de sucre semoule
3 cuillerées à soupe de lait
200 g de fromage blanc
15 boudoirs

1. Réservez 12 framboises pour le décor.
2. Faites tremper les feuilles de gélatine dans de l'eau froide pendant 15 minutes.
3. Dans une casserole, faites bouillir ensemble 50 g de sucre et 5 cl d'eau 2 à 3 minutes, puis laissez refroidir.
4. Dans une autre casserole, faites chauffer le lait 2 à 3 minutes à feu doux et, hors du feu, incorporez la gélatine essorée.
5. Dans un saladier, battez le fromage blanc et le reste de sucre. Ajoutez-y le lait gélifié. Mélangez soigneusement.
6. Trempez les biscuits dans le sirop pour les ramollir, puis disposez-les sur les bords et au fond de 2 moules à charlotte.
7. Versez 1 cuillerée de la préparation au fromage blanc. Répartissez les framboises, puis recouvrez-les de fromage blanc.
8. Laissez prendre au frigo pendant 2 heures minimum. Décorez avec les framboises réservées.

Fraisier

Pour 2 personnes
Préparation : 50 min
Cuisson : 10 min
Repos : 1 heure

40 g beurre mou
40 g de pâte d'amandes
12 biscuits à la cuillère
40 g de sucre de canne
125 g de fraise (type gariguette)

Pour la crème pâtissière
10 cl de lait
1 gousse de vanille fendue
1 jaune d'œuf
20 g de sucre semoule
12 g de Maïzena®

2 cercles à patisserie
de 8 à 9 cm de diamètre

1. Dans une casserole, faites chauffer le lait avec la vanille. Dans un saladier, battez le jaune. Ajoutez le sucre et la Maïzena®. Incorporez au lait en remuant, jusqu'à ce que la crème soit prise. Versez-la dans un bol. Recouvrez de film alimentaire. Laissez refroidir.
2. À l'aide d'une cuillère, travaillez le beurre pour qu'il soit crémeux. Incorporez-le à la crème et fouettez.
3. Aplatissez la pâte d'amandes, puis découpez-la au format de vos cercles.
4. Déposez côte à côte 3 biscuits à la cuillère et découpez-les avec 1 cercle. Confectionnez ainsi 4 disques, et laissez les cercles sur 2 d'entre eux. Dans une casserole, faites bouillir le sucre de canne avec 5 cl d'eau, jusqu'à l'obtention d'un sirop, puis laissez refroidir. À l'aide d'un pinceau, imbibez les 2 disques de sirop. Ajoutez une fine couche de crème. Placez des fraises coupées en deux contre les bords des cercles. Garnissez le centre de morceaux de fraises. Recouvrez de crème. Déposez sur chaque fraisier le deuxième disque de biscuit. Imbibez-le de sirop. Déposez dessus 1 disque de pâte d'amandes et décorez d'une fraise.
5. Réservez au frais pendant 1 heure minimum avant de servir.

Salade de fruits rouges à la fleur d'oranger

Pour 2 personnes
Préparation : 15 min
Cuisson : 2 min
Repos : 30 min

150 g de cerises
150 g de fraises
100 g de framboises
2 cuillerées à soupe de miel
1 cuillerée à soupe d'eau de fleur d'oranger
2 petites meringues

1. Dénoyautez les cerises. Équeutez les fraises et coupez-les en deux. Mélangez délicatement les fruits rouges dans un saladier.
2. Chauffez le miel avec 4 cuillerées à soupe d'eau. Hors du feu, ajoutez l'eau de fleur d'oranger.
3. Versez sur les fruits et mélangez bien. Réservez 30 minutes au réfrigérateur.
4. Ajoutez les meringues émiettées juste avant de servir.

Soufflés glacés aux framboises

Pour 2 personnes
Préparation : 20 min
Sans cuisson
Congélation : 4 heures

100 g de framboises
1 blanc d'œuf
70 g de faisselle
30 g de sucre semoule
1 cuillerée à café d'eau de rose

1. Réservez quelques framboises pour la décoration et mixez les autres finement.
2. Montez le blanc d'œuf en neige. Incorporez délicatement la faisselle, le sucre et l'eau de rose. Ajoutez la purée de framboises.
3. Chemisez 2 verrines d'une bande de papier sulfurisé en la laissant dépasser en haut. Fixez-la avec de l'adhésif. Remplissez de mousse et faites prendre 4 heures au congélateur.
4. Retirez doucement les collerettes de papier. Décorez de framboises et servez aussitôt.

ÉQUIVALENCES

MESURES LIQUIDES

SYSTÈME MÉTRIQUE	SYSTÈME AMÉRICAIN	AUTRE NOM
5 ml	1 cuillère à thé (cuillère à café française)	
15 ml	1 cuillère à table (cuillère à soupe française)	
35 ml	1/8 cup (tasse française)	1 oz (ou once)
65 ml	1/4 cup ou 1/4 grand verre	2 oz
125 ml	1/2 cup ou 1/2 grand verre	4 oz
250 ml	1 cup ou 1 grand verre	8 oz
500 ml	2 cups ou 1 pinte	
1 litre	4 cups ou 2 pintes	

MESURES SOLIDES

SYSTÈME MÉTRIQUE	SYSTÈME AMÉRICAIN	AUTRE NOM
30 g	1 oz	
55 g	1/8 lbs	2 oz
115 g	1/4 lbs	4 oz
170 g	3/8 lbs	6 oz
225 g	1/2 lbs	8 oz
454 g	1 livre	16 oz

CHALEUR DU FOUR

CHALEUR	° CELSIUS	THERMOSTAT	° FAHRENHEIT
Très doux	70 °C	Th. 2-3	150 °F
Doux	100 °C	Th. 3-4	200 °F
	120 °C	Th. 4	250 °F
Moyen	150 °C	Th. 5	300 °F
	180 °C	Th. 6	350 °F
Chaud	200 °C	Th. 6-7	400 °F
	230 °C	Th. 7-8	450 °F
Très chaud	260 °C	Th. 8-9	500 °F

Mango une marque de Fleurus Éditions
www.fleuruseditions.com
www.odelices.com

Édition : Barbara Sabatier et Adèle Vay - **Direction artistique :** Laurent Quellet
Maquette : Julie Mathieu et Chantal Tuaud - **Fabrication :** Thierry Dubus et Sabine Marioni

N° d'édition : M11025 - **ISBN :** 9782317000232 - **Code MDS :** 73809
Photogravure : Amalthéa
Achevé d'imprimer en mars 2011 par Toppan Leefung – Chine
Dépôt légal : avril 2011
Édition N°1